AF369902

ANTIQUITÉS CHYPRIOTES

COLLECTION IMPORTANTE

DE

VERRES ANTIQUES

BIJOUX, TERRES CUITES

Provenant des fouilles faites dans l'île de Chypre par M. Piéridès.

LA VENTE AUX ENCHÈRES PUBLIQUES

AURA LIEU

à l'Hôtel des Commissaires-Priseurs, 5, rue Drouot

Salle n° 4, au premier étage

LE LUNDI 10 FÉVRIER 1873, A UNE HEURE PRÉCISE

M⁰ **DELBERGUE-CORMONT**, Commissaire-Priseur, 4, rue de Provence,

M. HOFFMANN, Expert, 33, quai Voltaire.

EXPOSITION PUBLIQUE

le Dimanche 9 Février 1873, de une heure à cinq heures

PARIS — 1873

CONDITIONS DE LA VENTE.

Elle sera faite expressément au comptant.

Les acquéreurs payeront *cinq pour cent* en sus des prix d'adjudication.

Les lots pourront être réunis ou divisés au gré de l'expert.

Paris. — Typ. PILLET fils aîné, 5, rue des Grands-Augustins.

Il était impossible, on le comprendra, de faire passer dans une simple nomenclature les mille qualités des objets que nous avons catalogués.

Comment en effet pourrait-on, sans faire appel à un langage qui paraîtrait ici prétentieux, donner au lecteur l'idée de ces frêles créations du génie grec, qui réunissent toutes les grâces de la forme aux nuances éclatantes des fleurs ou des gemmes les plus chatoyantes. Comment décrire ces vases si légers qu'à peine on les sent au bout des doigts, ces fioles, ces coupes plissées comme une dentelle, auxquelles le temps a mis la dernière main en les couvrant d'irisations splendides. Et ces couleurs, quel nom leur donner! c'est l'éclat mat de la perle marié aux lueurs mystérieuses de l'opale. Rien ne saurait suppléer la vue, car le pinceau ici lui-même serait impuissant ; nous nous bornerons à inviter sérieusement les amateurs, archéologues ou simplement artistes à venir jeter un coup d'œil sur cette réunion si intéressante. C'est un véritable plaisir que nous leur promettons, plaisir qui ne sera pas renouvelé du reste, car le gouvernement ottoman s'étant ému au récit des merveilleuses découvertes opérées dans l'île de Chypre, vient d'interdire formellement toutes recherches nouvelles.

La collection se compose d'environ un millier de pièces provenant de différentes fouilles. Nous n'avons pas cru devoir séparer les objets trouvés ensemble, malgré la différence de leur nature, dans la pensée qu'il serait toujours intéressant de voir groupé le résultat de chaque découverte.

Verres, vases et objets en or proviennent des tombeaux. Les terres cuites ont été trouvées dans les salines, près de Larnaca, l'ancien Citium. Déjà, au même endroit, avaient été mises au jour des inscriptions grecques, constatant l'existence d'un temple dédié à la Diane des Rivages (ΑΡΤΕΜΙΣ ΠΑΡΑΛΙΑ).

ANTIQUITÉS CHYPRIOTES

Première Collection

VERRES

1. Flacon en verre doré ; bien conservé et de la plus grande rareté. H., 0,11.
2. Flacon en verre massif.
3. Deux petits flacons, l'un de verre bleu, l'autre de verre jaune.
4. Verre à boire.
5. Un autre, plus évasé.
6. Lécythus à anse plate.
7. Lécythus quadrilatère.
8. Petit lécythus en verre violacé, muni d'une anse jaune.
9. Patère ombiliquée ; superbe conservation. D., 0,148.
10. Coupe irisée.
11. Une autre, plus petite.
12. Flacon piriforme à goulot allongé.
13. Flacon en forme de cloche à goulot allongé. Belle irisation. Forme rare.
14. Flacon ovoïde à goulot élevé. Forme peu commune.
15. Flacon à panse comprimée.

16. Un autre, plus petit.
17. Verre à boire de forme sphéroïdale.
18. Flacon piriforme; belle irisation.
19. Un autre, moins grand.
20. Verre piriforme orné d'un filet en saillie autour de l'orifice.
21. Petit flacon en verre massif.
22. Deux flacons effilés, ayant au milieu un petit ballon côtelé.
23. Flacon à goulot allongé.
24. Un autre, avec une entaille au milieu de la panse.
25. Cinq petits flacons irisés de formes variées.
26. Sous ce numéro seront vendus les doubles des numéros précédents.

Deuxième Collection

VERRES

27. Flacon en verre massif de couleur verte avec des traces de dorure. H., 0,15.
28. Un autre moins grand, de superbe conservation. Très-rare. H., 0,11.
29. Verre à boire.
30. Un autre, irisé.
31. Petit verre à boire.
32. Verre à boire, avec un filet en relief autour de l'orifice.

33. Un autre, côtelé.

34. Petite coupe.

35. Grand flacon à anse plate et cannelée.

36. Œnochoé.

37. Lécythus dont l'anse est surmontée d'un petit disque et terminée par un rang de disques en saillie. Forme très-rare.

38. Petit lécythus sphérique à anse plate.

39. Lécythus piriforme.

40. Lécythus quadrilatère, côtelé et muni d'une anse plate. Forme rare.

41. Verre orné d'un filet en saillie autour du col.

42. Verre à panse comprimée.

43. Magnifique patère ombiliquée. D., 0,19.

44. Autre, plus petite.

45. Coupe ombiliquée, de belle conservation.

46. Coupe ombiliquée.

47. Grand flacon en forme de cymbale, à goulot allongé.

48. Flacon semblable, à panse comprimée. Belle irisation.

49. Autre, plus petit.

50. Autre, plus petit.

51. Grand flacon en forme de pomme surmontée d'un goulot très-large.

52. Flacon ovoïde à col allongé.

53. Lécythus à large panse, muni d'une anse plate côtelée.

54. Verre se rétrécissant vers le haut.

55. Verre côtelé de couleur violacée. Forme rare.

56. Flacon côtelé à orifice évasé.

57. Petit flacon en verre bleu clair.

58. Grand flacon irisé.

59. Flacon effilé en verre blanc opaque, avec un petit ballon au milieu.
60. Flacon de forme analogue.
61. Verre piriforme couvert d'une superbe irisation.
62. Autre, plus petit.
63. Flacon en forme de pomme de grenade. Belle irisation.
64. Autre, moins grand.
65. Flacon piriforme.
66. Petit flacon semblable.
67. Flacon irisé.
68. Quatre petits flacons effilés.
69. Sous ce numéro sera vendu un grand nombre de doubles des numéros précédents.

VASES EN TERRE CUITE
DE L'ANCIEN STYLE

Vases sans couverte, avec peinture noire ou rouge.

70. Vase en forme de taureau. Ornements noirs.
71. Vase en forme de bélier. Ornements rouges.
72. Œnochoé à panse sphérique : quatre oiseaux.
73. Petite amphore : rameaux.
74. Amphorisque : lignes d'eau.
75. Guttus à anse surélevée : triangles.
76. Lécythus : quadrillés.
77. Amphorisque apode : stries.
78. Guttus sphérique, muni de deux petites anses.
79. Petit lécythus : disques et cercles concentriques.
80. Autre, plus petit.

81. Petite amphore : stries.
82. Autre : stries noires et bandes rouges.
83. Deux petites patères.
84. Scyphus : cercle concentrique.

Ornements noirs sur fond rouge

85. Petite coupe.
86. Grande œnochoé : cercles concentriques.
87. Petite œnochoé : stries et rosaces.
88. Autre, de forme allongée.
89. Grande coupe striée.
90. Autre, moins grande.
91. Petite amphore.
92. Guttus à anse surélevée.
93. Quatre lécythus, ornés de stries et de rosaces, de formes et de grandeurs variées.
94. Petit vase sphérique, muni de deux anses.
95. Patère.

---

96. Petit flacon sphérique, décoré de hachures.
97. Tasse noire, munie de deux anses en forme de calices de fleur.

Vases à vernis rouge.

98. Grand lécythus. Forme extrêmement rare. Haut. 0,54.
99. Amphore.
100. Œnochoé.

101. Petite œnochoé côtelée.
102. Lécythus à panse sphérique, orné de hachures.

LAMPES

103. Buste de Jupiter ; derrière, un aigle éployé. — Vénus
et l'Amour. — Vénus au bain. — Vénus assise tenant
deux ténies. — Victoire sur le globe.
104. Sirène. — Bacchante portant un thyrse et un tam-
bourin. — Gladiateur. ℞. La lettre B gravée. — Combat de deux gladiateurs. — Aigle et palmette. — Co-
lombe perchée sur un rameau.
105. Vase bachique. ℞. ROMANESIS. — Vase et feuilles
d'acanthe.
106. Sujet érotique. ℞. HP en monogramme.
107. Coquille.—Calice de fleur.—Feuillage. ℞. ROMANE-
SIS en lettres cursives. — Corymbes. ℞. EYTYXII-
TOC en cercle. — Globules.
108. Sous ce numéro seront vendus des vases non catalogués.

Troisième Collection

BIJOUX D'OR, ETC.

109. Bague avec une intaille romaine (sphinx), en corna-
line.

110. Cylindre pseudo-assyrien. — Scarabées. — Scara-
béoïde (aigle dévorant un lièvre).

111. Une paire de boucles d'oreille en or.

112. Quatre paires de boucles d'oreille, de formes variées.

113. Trois autres paires et un pendant d'oreille (seul) décoré
de granules.

VERRES

114. Coupe ombiliquée.

115. Coupe côtelée. Petite coupe ombiliquée.

116. Verre à boire.

117. Verre se rétrécissant vers le haut. Belle irisation.

118. Deux lécythus à anses plates.

119. Magnifique verre ovoïde, orné d'un rang de cabochons
bleus imitant des pierres précieuses incrustées. Forme
excessivement rare.

120. Grand flacon piriforme.

121. Cinq flacons de la même forme, mais de grandeur
différente. Belle irisation.

122. Petit flacon piriforme, cerclé de filets en relief.

123. Grand flacon en forme de cymbale, surmonté d'un
goulot allongé. — Flacon à panse écrasée.

124. Cinq flacons en forme de pomme, les goulots plus ou
moins élevés.

125. Petit flacon cerclé de filets en saillie. — Flacon en
verre violacé. — Un autre en verre jaune.

126. Verre irisé. — Flacon effilé, avec un petit ballon au
milieu. — Quatre petits flacons à onguent.

127. Sous ce numéro seront vendus les doubles des numéros précédents.

VASES EN TERRE CUITE

128. Petite amphore de l'ancien style, sans couvercle : raies noires. — Guttus du même style. — Guttus en forme d'oiseau.
129. Œnochoé : cercles concentriques sur fond rouge.
130. Œnochoé côtelée. — Trois petits lécythus.

LAMPES

131. Amour jouant de la double flûte, à cheval sur un dauphin.
132. Amour sur un dauphin ; autour, une couronne de raisins et de pampres.
133. Europe sur le taureau.
134. Soldat grec assis. — Combat de deux gladiateurs. — Deux cornes d'abondance. — Couronne de feuillage. ROMANESIS en lettres cursives.

Quatrième Collection

BRONZES

135. Taureau couché. Bronze phénicien très-ancien et très-important pour l'histoire de l'art. — Haut., 0,04; larg., 0,07.

136. Aigle volant (figurine). — Trois lames de couteaux.
— Une spatule, etc.

136 *bis*. Sceau chypriote du moyen âge, représentant un
lion avec la légende : AVDMAR DVX.

TERRES CUITES

137. Mercure assis sur un autel, le manteau attaché à l'é-
paule droite, le caducée à la main. Figurine du beau
style. La tête manque. — Haut., 0,16.

138. Jeune fille drapée, portant un diptyque (?).

139. Déesse assise ; imitation de l'ancien style. Les avant-
bras sont brisés.

140. Acteur (jambes brisées).

141. Danseuse (jambes brisées).

142. Deux déesses assises sur un trône (groupe fruste).

143. Buste de prêtresse, portant un coffret à encens.

144. Jeune homme endormi (le buste seul subsiste).

145. Tête voilée de déesse coiffée d'un diadème très-élevé
et orné de sphinx.

146. Tête semblable avec un diadème radié et décoré de
rosaces.

147. Une autre, analogue.

148. Une autre, analogue.

149. Tête de déesse, coiffée d'un modius.

150. Une autre, semblable.

151. Une autre, avec un diadème orné de rosaces et d'un
sphinx.

152. Tête d'acteur.

153.
154. } Trois têtes de jeunes filles, du plus bel art grec.
155.

156. Six charmantes petites têtes d'enfants et de jeunes filles.

157. Terres cuites non cataloguées (figurines, têtes de femmes avec des coiffures variées, etc.).

VERRES

158. Magnifique patère ovale. Forme très-rare. — Haut., 0,215 sur 0,245.

159. Petite coupe.

160. Petit flacon pointu.

161. Lécythus à panse sphérique et à anse plate.

162. Autre, plus petit, de verre jaunâtre.

163. Deux petits lécythus à panse sphérique.

164. Lécythus s'élargissant par le bas.

165. Verre à boire s'élargissant vers le haut et décoré de filets circulaires.

166. Verre à boire.

167. Autre, de forme différente.

168. Autre, plus large.

169. Verre piriforme à orifice évasé. Forme peu commune.

170. Verre semblable.

171. Verre côtelé, en forme de pomme de grenade.

172. Flacon en forme de pomme.

173. Verre conique, orné de filets en saillie. Forme rare.

174. Flacon à col allongé et à panse comprimée.

175. Flacon analogue, la panse en forme de cymbale.

176. Flacon piriforme. Belle irisation.
177. Autre, plus petit.
178. Autre, en verre bleuâtre.
179. Verres non catalogués.

Cinquième Collection

VERRES

180. Coupe.
181. Petite coupe ombiliquée.
182. Superbe patère côtelée. D., 0,126.
183. Petite diota.
184. Verre côtelé, belle irisation.
185. Petit lécythus, muni d'une anse jaune.
186. Dix flacons effilés, de grandeur différente.
187. Flacon en forme de pomme ; verre violet.
188. Grand flacon irisé, de forme analogue.
189. Autre, plus petit.
190. Trois flacons semblables, à goulot étroit.
191. Flacon côtelé (brisé).
192. Verre piriforme à orifice évasé.
193. Flacon piriforme.
194. Autre, moins grand ; belle irisation.
195. Flacon en forme de pomme de grenade.
196. Flacon en forme de clochette, à goulot élevé.
197. Flacon analogue, en forme de pomme.
198. Un certain nombre de verres non catalogués.

Sixième Collection

VERRES

199. Guttus.
200. Petit flacon à panse hexagonale.
201. Verre à boire, à quatre côtes.
202. Autre, s'élargissant vers le haut.
203. Verre à rebord.
204. Très-beau verre à boire.
205. Un autre.
206. Petit verre à boire, avec un rebord.
207. Beau flacon en forme de pomme, côtelé en spirale et à goulot allongé. Forme rare.
208. Flacon piriforme.
209. Petit flacon semblable.
210. Flacon piriforme de verre verdâtre.
211. Flacon en forme de pomme, à goulot allongé.
212. Petite coupe, belle irisation.
213. Grand lécythus de verre verdâtre, à anse plate.
214. Lécythus à panse conique, orné de cercles.
215. Petit lécythus piriforme.
216. Verre piriforme, l'orifice décoré d'un filet en relief.
217. Six petits flacons irisés.
218. Les doubles des numéros précédents.

Septième Collection

VERRES

219. Coupe massive côtelée.
220. Petite coupe.
221. Patère ombiliquée.
222. Amphorisque. Forme très-rare.
223. Flacon de verre verdâtre, avec des traces de dorure.
224. Deux autres, plus petits.
225. Flacon côtelé ; forme peu commune.
226. Flacon effilé, avec un petit ballon au milieu.
227. Deux autres, de forme analogue.
228. Trois petits flacons de verre bleu.
229. Verre à boire, orné d'un filet en saillie.
230. Verre à boire.
231. Autre, se rétrécissant vers le haut.
232. Verre à boire, décoré d'un filet en relief.
233. Lécythus à panse quadrilatère et à anse plate.
234. Flacon pointu.
235. Grand flacon à panse sphérique.
236. Flacon à panse aplatie et à goulot allongé.
237. Flacon en forme de pomme de grenade, à goulot élevé.
238. Flacon piriforme.
239. Autre, plus petit. Magnifique irisation.
240. Un autre, semblable.
241. Verre piriforme.
242. Verre se rétrécissant vers le haut et muni d'un pied.
243. Petit flacon en verre brun.

244. Flacon en verre verdâtre.
245. Flacon en forme de pomme, à goulot très-élevé.
246. Petit flacon de forme analogue, à large ouverture.
247. Trois petits flacons de formes différentes.
248. Quatre flacons irisés.
249. Beau flacon côtelé ; forme rare.
250. Les doubles des numéros précédents.

BIJOUX D'OR

251. Deux paires de boucles d'oreilles.
252. Deux autres.
253. Cinq paires de pendants d'oreilles, décorés de pâtes de verre.
254. Huit paires de pendants d'oreilles, en forme de croissants, etc.

---

255. Six autres.
256. Trois paires de pendants d'oreilles, ornés de pâtes de verre.
257. Deux autres paires, l'une ornée de rosaces, l'autre de baies en argent.
258. Six paires en forme de croissants, etc.
259. Quatre paires de boucles d'oreilles.
260. Huit autres.
261. Un certain nombre de pendants d'oreilles dépareillés, etc., etc.

Paris. — Imprimerie de Pillet fils aîné, 5, rue des Grands-Augustins.